Madagascar

Lucía M. Sánchez y Trace Taylor

En esta isla hay árboles.

En esta isla hay bichos.

En esta isla hay lagartos.

En esta isla hay murciélagos.

En esta isla hay pavos.

En esta isla hay vacas.

En esta isla hay bicicletas.

En esta isla hay botes.

En esta isla hay casas.

En esta isla hay hombres.

En esta isla hay mujeres.

En esta isla hay niños.

Madagascar

África

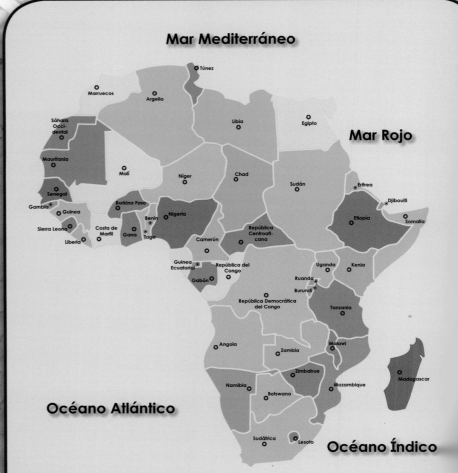

Mar Mediterráneo

Mar Rojo

Océano Atlántico

Océano Índico

Túnez
Marruecos
Argelia
Libia
Egipto
Sáhara Occidental
Mauritania
Malí
Níger
Chad
Sudán
Eritrea
Djibouti
Senegal
Gambia
Guinea
Burkina Faso
Nigeria
Etiopía
Somalia
Sierra Leona
Costa de Marfil
Gana
Benín
Togo
Camerún
República Centroafricana
Liberia
Guinea Ecuatorial
República del Congo
Uganda
Kenia
Gabón
Ruanda
Burundi
República Democrática del Congo
Tanzania
Angola
Zambia
Malawi
Zimbabue
Mozambique
Madagascar
Namibia
Botswana
Sudáfrica
Lesoto

El mundo

Palabras con poder

En
esta
hay